中国儿童核心素养培养计划

课后半小时 小学生阶段阅读

文化基础 ✕ 自主发展 ✕ 社会参与

中国力量

揭秘超级工程

024

课后半小时编辑组 ■ 编著

北京理工大学出版社
BEIJING INSTITUTE OF TECHNOLOGY PRESS

第 1 天 万能数学 〈数学思维〉

第 2 天 地理世界 〈观察能力　地理基础〉

第 3 天 物理现象 〈观察能力　物理基础〉

第 4 天 神奇生物 〈观察能力　生物基础〉

第 5 天 奇妙化学 〈理解能力　想象能力
化学基础〉

第 6 天 寻找科学 〈观察能力　探究能力〉

第 7 天 科学思维 〈逻辑推理〉

第 8 天 科学实践 〈探究能力　逻辑推理〉

第 9 天 科学成果 〈探究能力　批判思维〉

第 10 天 科学态度 〈批判思维〉

文化基础　**科学基础**　**科学精神**　**人文底蕴**

核心素养之旅
Journey of Core Literacy

中国学生发展核心素养，指的是学生应具备的、能够适应终身发展和社会发展的必备品格和关键能力。简单来说，它是可以武装你的铠甲、是可以助力你成长的利器。有了它，再多的坎坷你都可以跨过，然后一路登上最高的山巅。怎么样，你准备好开启你的核心素养之旅了吗？

第 11 天 美丽中国 〈传承能力〉

第 12 天 中国历史 〈人文情怀　传承能力〉

第 13 天 中国文化 〈传承能力〉

第 14 天 连接世界 〈人文情怀　国际视野〉

第 15 天 多彩世界 〈国际视野〉

第 16 天 探秘大脑 〈反思能力〉

第 17 天 高效学习 〈自主能力　规划能力〉

第 18 天 学会观察 〈观察能力　反思能力〉

第 19 天 学会应用 〈自主能力〉

第 20 天 机器学习 〈信息意识〉

学会学习

自主发展

健康生活

第 21 天 认识自己 〈抗挫折能力　自信感〉

第 22 天 社会交往 〈社交能力　情商力〉

社会参与　**责任担当**　**实践创新**　**总结复习**

第 23 天 国防科技 〈民族自信〉

第 **24** 天 中国力量 • 民族自信

第 25 天 保护地球 〈责任感　反思能力
国际视野〉

第 26 天 生命密码 〈创新实践〉

第 27 天 生物技术 〈创新实践〉

第 28 天 世纪能源 〈创新实践〉

第 29 天 空天梦想 〈创新实践〉

第 30 天 工程思维 〈创新实践〉

第 31 天 概念之书

卷首

"放大"你的好奇心

　　走在路上，我们低头看见路边的野花时，可能会好奇它是什么花；抬头看到天空的小鸟时，可能会好奇它为什么会飞；看着身边呼啸而过的汽车时，可能会好奇它是谁发明的……我们的好奇心有时很强，以至于身边的一草一木、一花一石都想要了解；但有时候又很弱，总是忽视那些我们平时很难见到的事物，比如外太空的空间站、能潜入海底的载人潜水器、口径 500 米的球面射电望远镜……

　　但这些都不要紧，亲爱的小读者，只要你还保持着满满的好奇心，从现在开始也不晚，或许就从这本书开始吧。虽然看了这本书后，你还是不知道路边的野花是什么花，身边的汽车又是谁发明的，但是在这本书里，你能看到天宫空间站从发射到运行的一系列过程，你能跟着我国第一台深海载人潜水器"蛟龙"号看到神奇多姿的海洋世界，你还能了解到上山下海的高铁是怎么穿梭在祖国大地的，这一项项的超级工程，无一不在彰显着中国力量。

　　你可能会问，那这些超级工程都有什么用呢？就拿我们最熟悉的高铁来说，它让我们的生活变得更加便利，从前需要好几天才能去的地方，现在坐高铁不到一天就能到，大大节省了我们在路上耗费的时间。而有了"天宫"空间站，我们就可以长期开展有人参与的、大规模的空间科学实验和技术试验，从而推动空间科学、生命科学等空间技术的发展，为人类探索宇宙奥秘作出积极贡献。

"可上九天揽月，可下五洋捉鳖"，这不再只是一个梦想，而正在被我们一步步实现并超越。所以在这里，衷心地希望你们在感受到祖国强大的国家力量后，能够树立起足够的信心和决心，为祖国的建设添砖加瓦。

张新生

中国铁路工程总公司教授级高级工程师

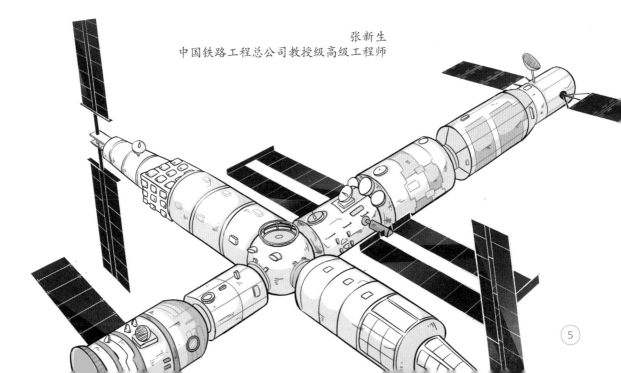

▶第一步

与天和对接口分开。

轨道舱　　返回舱　　推进舱

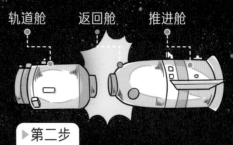

▶第二步

轨道舱脱离，神舟十二号离开运转轨道。对航天器来说，运转轨道就是每天"走的路"。

神舟十二号
返回舱成功着陆

撰文：的的

○轨道舱和推进舱会在大气层中燃烧。

　　聂海胜、刘伯明、汤洪波三名航天员，完成了在太空出差的任务后，乘坐神舟十二号载人飞船返回舱成功着陆，回到了地球。那神舟十二号的着陆过程是怎样的呢？

●随手小记

航天员着陆后，为什么不能站立呢？

这是因为航天员在太空工作和生活一段时间后，适应了没有重力的太空失重环境。当他们返回地面时，即使身体状态良好，往往也会感觉全身乏力、四肢沉重抬不起来，需要一个适应重力的过程，所以会有不能站立的情况。

▶第三步

推进舱分离，返回舱继续降落。返回舱进入大气层后，会因为和大气层摩擦而起火，但其表面有防热装甲，所以航天员是很安全的。

140千米

"天舟"货运飞船和垃圾一起在大气层中燃烧。

大气层

100千米

高空

降落伞

▶第四步

成功穿越了大气层，接下来打开降落伞。

伤痕累累的返回舱

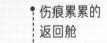

地面

遥遥领先的四大发明

撰文：硫克

早在古代的时候，中国就显示出了高超的科技水平，最著名的就是四大发明。

火药

火药最早出现在一千多年前的隋唐时期，是中国古代炼丹家在炼制丹药的过程中发明的，被称为"着火的药"，除了战争使用外，还一度被当作药类使用。

指南针

中国是最早发明指南针的国家，不过最早的指南针叫作司南，是利用磁石的指向性来辨别方向的，最早出现在战国时期。司南使中国古人能够在漫漫长路中找准方向，既能够翻山越岭通西域，又能够乘风破浪下西洋。

造纸术

西汉时期，中国已经有了麻制纤维纸，但它并不适合书写。东汉时期，蔡伦改进了原先的造纸术，制作出成本更低、质地更好、便于书写的蔡侯纸，改变了中国人用竹简、布帛等书写的习惯，为书本的出现提供了可能。

印刷术

在印刷术发明之前，文化的传播主要靠手抄书籍，不仅费时费力，还总会出现纰漏和错误。中国古人有刻章的习惯，由此联想到把字刻到木板上，再在木板上涂墨，印到纸上就可以了，这就是雕版印刷。不过，雕版印刷过于局限，每次有新书时只能再刻新的木板。聪明的古人于是想到了把每个字都单独雕刻，在印刷新书的时候寻找对应的字来组成句子，而且单独雕刻的字可以重复使用，这样就产生了活字印刷。

日常却不简单的
中国高铁

撰文：李梓涵

在现代人的生活中，出行方式变得越来越多样，也越来越便利。短途出行时，有公交车、汽车、电动车、自行车；长途出行时，则可以选择高铁、轮船或者飞机等。其中，性价比极高的高铁更是受到人们的青睐，是热门的出行方式之一。那你了解高铁吗？

呼——
这是高铁的速度！

你敢相信吗？带你走过大半个中国，高铁只需要一天的时间。我国将高速列车定义为时速达 250 千米以上的客运列车，而高铁中的尖子生"复兴号"，时速能达到 350 千米。要知道，人类的百米最好成绩是 9.58 秒，也就是时速 37.58 千米，那么"复兴号"的速度将近是它的 10 倍，这就是高铁的速度！

空气阻力快走开

相信我们都有过这样的体会，当我们跑得越快时，迎面吹来的风也越大，空气阻力也会越大。对高铁来说，也是如此，空气阻力占到高铁需要克服的全部阻力的 95%，堪比铜墙铁壁。所以为了降低空气阻力，高铁的车头大多设计成子弹头的形状，让高铁能够高速地运行。

▌主编有话说

高铁，是高速铁路的简称，原意是符合较高标准，列车能以 200 千米／小时以上的速度高速运行的铁路。但在日常生活中，我们常说的高铁多指运行在高速铁路上的列车。

高铁动力从哪儿来？

撰文：张婉月

高铁是靠电驱动的，电由铁路沿线的接触网输送，铁路有多长，接触网就有多长，随取随用。电能到达接触网后，再通过车顶上的受电弓引到列车上，为列车提供电力。

●接触网

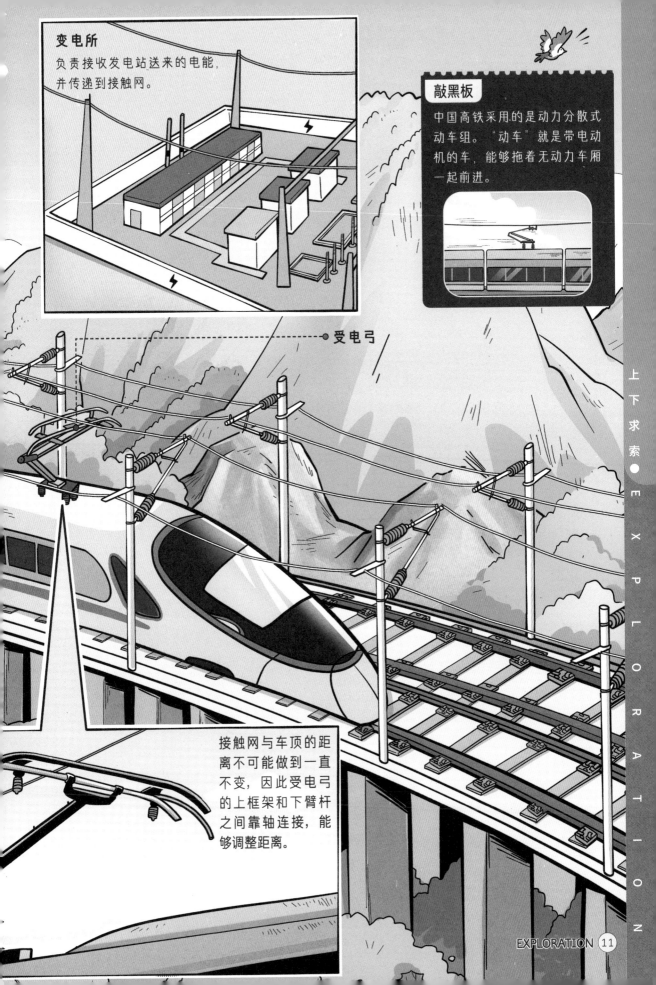

变电所

负责接收发电站送来的电能，并传递到接触网。

敲黑板

中国高铁采用的是动力分散式动车组。"动车"就是带电动机的车，能够拖着无动力车厢一起前进。

受电弓

接触网与车顶的距离不可能做到一直不变，因此受电弓的上框架和下臂杆之间靠轴连接，能够调整距离。

完美的"乘客体验"

撰文：硫克
美术：王婉静、吴帆等

你想过吗，高铁运行速度那么快，为什么还能那么平稳呢？哈哈，这就要归功于高铁保持平稳的两大法宝了！！

冬天温度降低，温度计里的液体遇冷收缩，因此液柱短。

夏天天气炎热，液体受热膨胀，液柱升高。

这就是传说中的热胀冷缩！钢轨之间如果不留丝毫缝隙，夏天受热膨胀，就会形成鼓包。

为了解决这个问题，轨道工程师决定焊接出超长钢轨，减少我一路上遇到的钢轨之间的缝隙。

焊头的最高熔点温度超过1000℃，人类无法近身。因此，焊接过程必须使用电脑远程操作，要求上下偏差不超过0.3毫米，左右偏差不超过0.2毫米。

而有了铺在地上的垫子，就能够把大部分撞击的力量化解掉，这就是"缓冲"的含义。

SOS!

车钩缓冲装置 ●托板 ●橡胶片
●纵销 ●缓冲器框体 ●橡胶衬垫

楼房着火时，高层的人想要逃生，直接跳下来一定会受到伤害。

现在你相信我了吧！高速列车平稳又安全。

车钩缓冲装置里面装有材质柔软的缓冲器，相当于"垫子"，吸收了车厢的冲击力。

你好，我是"蛟龙"
号载人潜水器。

向着深海进发的
"蛟龙"号

撰文：的的

"蛟龙"号载人潜水器是我国第一台自主设计、自主集成研制的作业型深海载人潜水器，也是目前世界上下潜能力最强的作业型载人潜水器。现在，让我们跟着"蛟龙"号一起潜入海底，探索未知的海洋世界吧！

▌主编有话说

简单来说，一切与开发、利用海洋有关的知识，都属于海洋科学，而潜水其实是为海洋科学服务的。有了海洋科学，我们才能知道海里住着什么样的鱼，埋藏着什么样的宝藏……

0m

海洋生物的分布

撰文：张婉月

从海平面到深度 200 米以内的部分，叫作"透光带"，意思是光线可充分透过的水层。

200 米

海平面下 200~1000 米的区域叫作"中层带"，由于可见光无法穿透至 200 米以下，很多鱼身上有发光器官，会自己发光。

1000 米

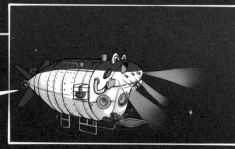

海平面下 1000~4000 米的区域叫作"半深海带"。由于这里缺乏光线，大部分生物的眼睛都退化了。

3000 米

海平面下 4000~6000 米的地方，叫作"深海带"，这里生态环境恶劣，存在的生物很少，大多是无脊柱动物，如乌贼、海参等。

4000 米

海平面 6000 米以下的区域，叫作"超深渊带"，是海洋中最深的地带。由于海洋火山喷发出许多高温液体，这里的生物种类更少，也更加"其貌不扬"。

6000 米

透光带是各类生物密度最高的水层，你日常生活中吃到的大部分鱼类都生活在这个区域！

除了各种鱼，海藻、海星等很多生物也生活在这里！

因为平时大家"不见面"，所以长相都有点随意……

在这里，我们还能遇到"深海大块头"——抹香鲸，以及大王酸浆鱿鱼。

抹香鲸可以下潜到海平面下约 3000 米的区域。不过，以后"潜水冠军"这个称号可就要归我啦！

不过，事实证明，即便没有眼睛，它们也能在海中生活得很好。

抹香鲸

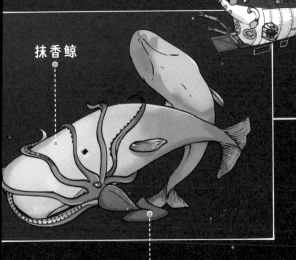

大王酸浆鱿鱼

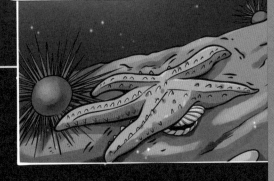

到了！这就是我们的任务地点，神秘的地球"第四极"！

地球四极

南极和北极是地球上最寒冷的地方；青藏高原是地球上最高的地方，被称为"第三极"；马里亚纳海沟则是"第四极"，也是目前可勘探到的世界海洋最深处。

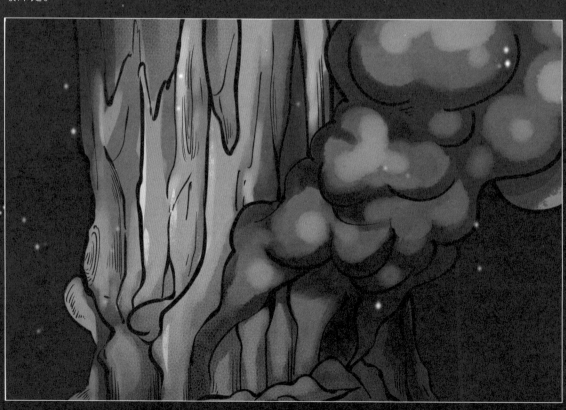

征服地球"第四极"

撰文：陶然

随着深度的增加，在海里受到的压力也会变大。而在地球"第四极"——7000 米深的马里亚纳海沟，物体承受的压力相当于 1500 头成年非洲象同时摞在一起的重量，即便是坚固的钢板也会被踩成薄片。所以为了应对这样恶劣的环境探索海洋，"蛟龙"号便诞生了！

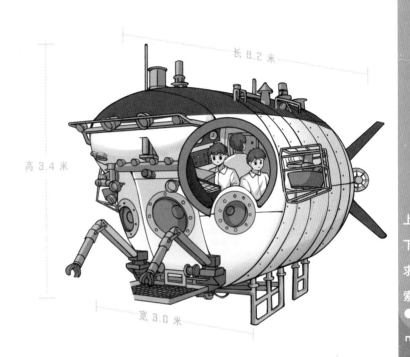

针对深海高压的环境，科学家给了"蛟龙"号两件应对的"法宝"，使其能在马里亚纳海沟自由地穿行。

第一件法宝是"钛合金外壳"。钛合金属于高强度材料，不仅强度高，而且重量轻，非常适合用来制造火箭和太空船，被誉为"太空金属"。有了钛合金做的"铠甲"，"蛟龙"号才能承受住海水的压力。

第二件法宝是"球形载人舱"。实验证明，球形的物体抗压能力最强。所以，"蛟龙"号上的球形载人舱能最大限度地保护潜航员和科学家的安全。

载人深潜"三兄弟"

撰文：硫克

当一个物体的体积不变时，它的质量越大，密度就越大。

一个物体能否在水中下沉或者上浮，取决于这个物体的体积、质量和平均密度。

除了"蛟龙"号，我国还有"深海勇士"号、"奋斗者"号两台大深度载人潜水器。"蛟龙"号依靠压载铁实现上浮和下潜，可以装载 220 千克的实验用品和一名潜航员、两名科学家，可在占世界海洋面积 99.8% 的广阔海域中使用，对于我国开发利用深海的资源有着重要的意义。

"深海勇士"号主要负责探索海洋深度 4500 米以内的海域。它和"蛟龙"号不同，搭载了更强劲的锂电池电机，能够实现快速上浮和下潜，更加自由、灵活，可以在短时间内完成更多的探索任务，同时它能在海底停留的时间也更长。

"奋斗者"号是中国研发的万米载人潜水器，充分吸取了"蛟龙"号、"深海勇士"号研制的成功经验，突破了一系列核心技术制造而成。2020 年 11 月 10 日，"奋斗者"号成功到达了马里亚纳海沟的最深处，坐底深度 10909 米，创造了中国载人潜艇的新纪录。

深海里遨游

撰文：张婉月
美术：王婉静、吴帆等

啊？海底处处都是宝，你怎么能说啥也看不见呢？

哦对，我忘了开强光灯了……

咳咳，俗话说"人有失手，马有失蹄"嘛，不要在意，不要在意……

怎么样？这下看清楚了吧！

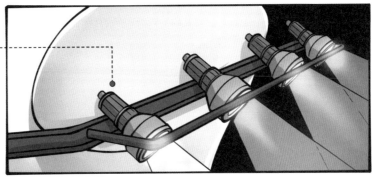

这是我的高强度照明灯，可以照到20米远的地方，让它们为我们照明，海底的每一处风景都不会错过！

咦？

是的，海底的很多生物移动速度很快，用人眼很难轻易观察到它们。

这种事情怎么能难倒我呢？只要开启我的"第三只眼"就好啦！

咔

我头上装着好几台高清摄像机，其中最厉害的就是这台ECCD摄像机，它可以清晰地拍摄到高速移动的生物，海底的每一个细节都能被我尽收眼底！

哎哟！不用那么紧张！我看到山头了，我撞不上！

你怎么就不相信我呢！你看！

我身上安装了很多声呐、测速仪等声学系统仪器。在它们的帮助下，无论海底世界的路途多么崎岖坎坷，对我来说都是一马平川的！

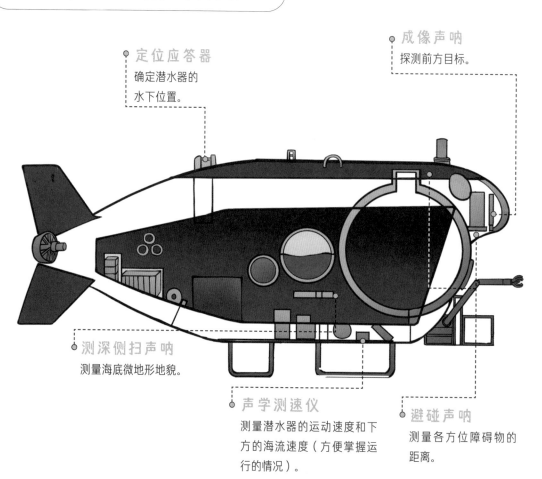

定位应答器
确定潜水器的水下位置。

成像声呐
探测前方目标。

测深侧扫声呐
测量海底微地形地貌。

声学测速仪
测量潜水器的运动速度和下方的海流速度（方便掌握运行的情况）。

避碰声呐
测量各方位障碍物的距离。

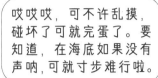

哎哎哎，可不许乱摸，碰坏了可就完蛋了。要知道，在海底如果没有声呐，可就寸步难行啦。

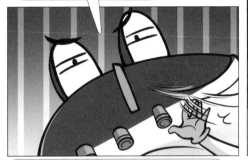

在水中，光线很难传播到远处……

但是，声波在水中却可以传播得很远。用声呐向海水中发射超声波，然后接收它产生的反射波，这样就可以判断周围的环境了。

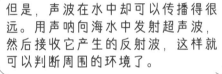

这里有岩石，离远点！

这边可以继续走！

离海底太近啦！高一点！再高一点！

6000米

耶！穿越海底就像玩游戏一样简单！

10米

自动定高功能
可让潜水器与海底保持一定高度，避免出现碰撞。

10米

自动定深功能
可让潜水器与海平面保持一定深度，避免出现碰撞。

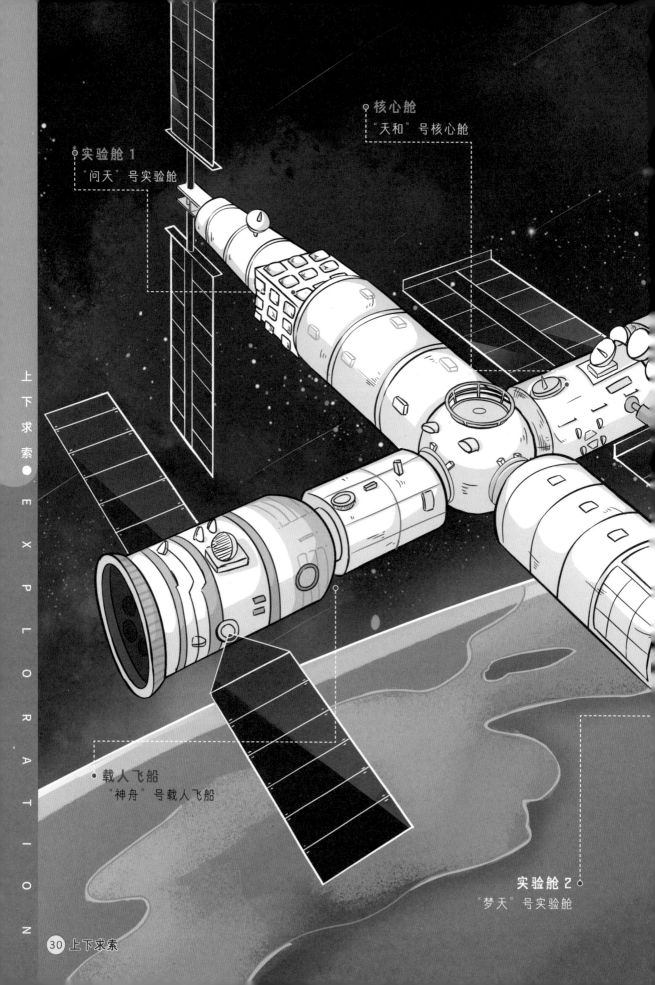

实验舱 1
"问天"号实验舱

核心舱
"天和"号核心舱

载人飞船
"神舟"号载人飞船

实验舱 2
"梦天"号实验舱

上下求索

EXPLORATION

货运飞船
"天舟"号货运飞船

太空里的"房子"
——空间站

撰文：的的

空间站又称太空站、航天站，中国建设的空间站叫作"天宫"。天宫每天以大约 7600 米／秒的超高速度，在距离地面400 千米的太空绕着地球旋转，是供航天员巡访、长期工作和生活的载人航天器，可以理解为航天员在太空里的房子。

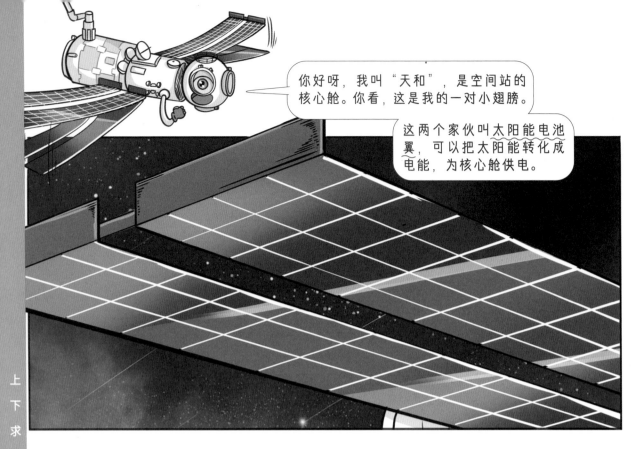

你好呀，我叫"天和"，是空间站的核心舱。你看，这是我的一对小翅膀。

这两个家伙叫太阳能电池翼，可以把太阳能转化成电能，为核心舱供电。

"天和"的"小翅膀"

撰文：张婉月
美术：王婉静、吴帆等

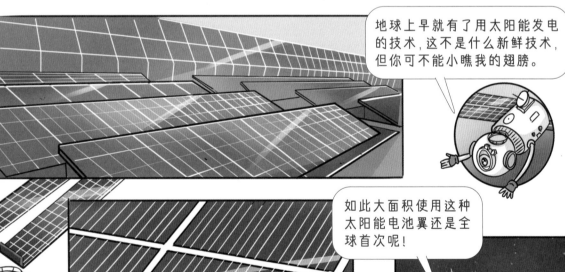

地球上早就有了用太阳能发电的技术，这不是什么新鲜技术，但你可不能小瞧我的翅膀。

如此大面积使用这种太阳能电池翼还是全球首次呢！

首先，我的小翅膀上安装了砷化镓太阳能电池，这种电池对太阳能的利用率极高，可以保障我的电"源源不绝"！

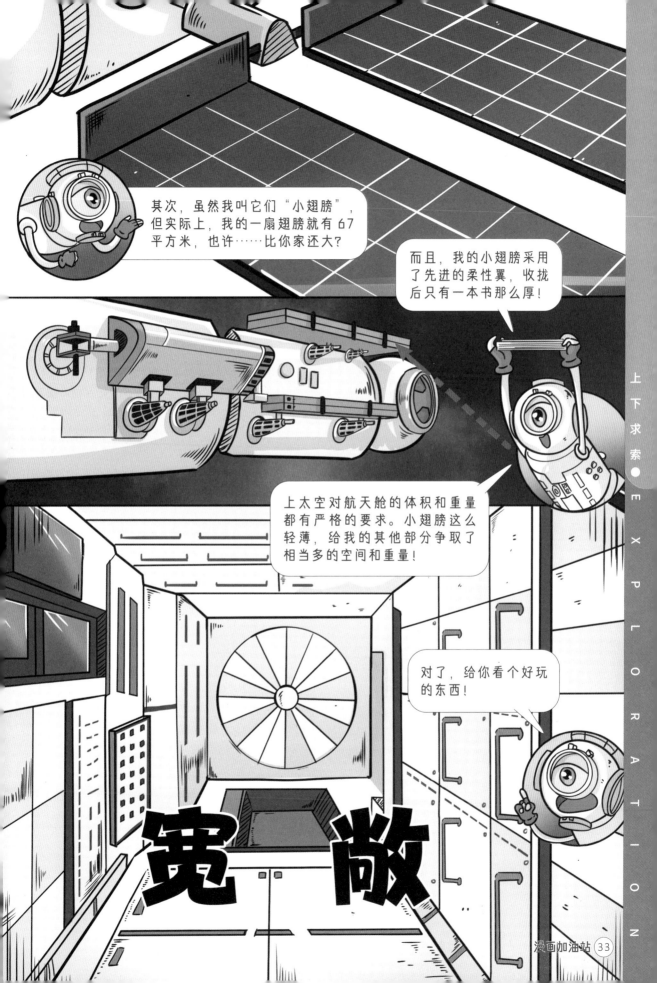

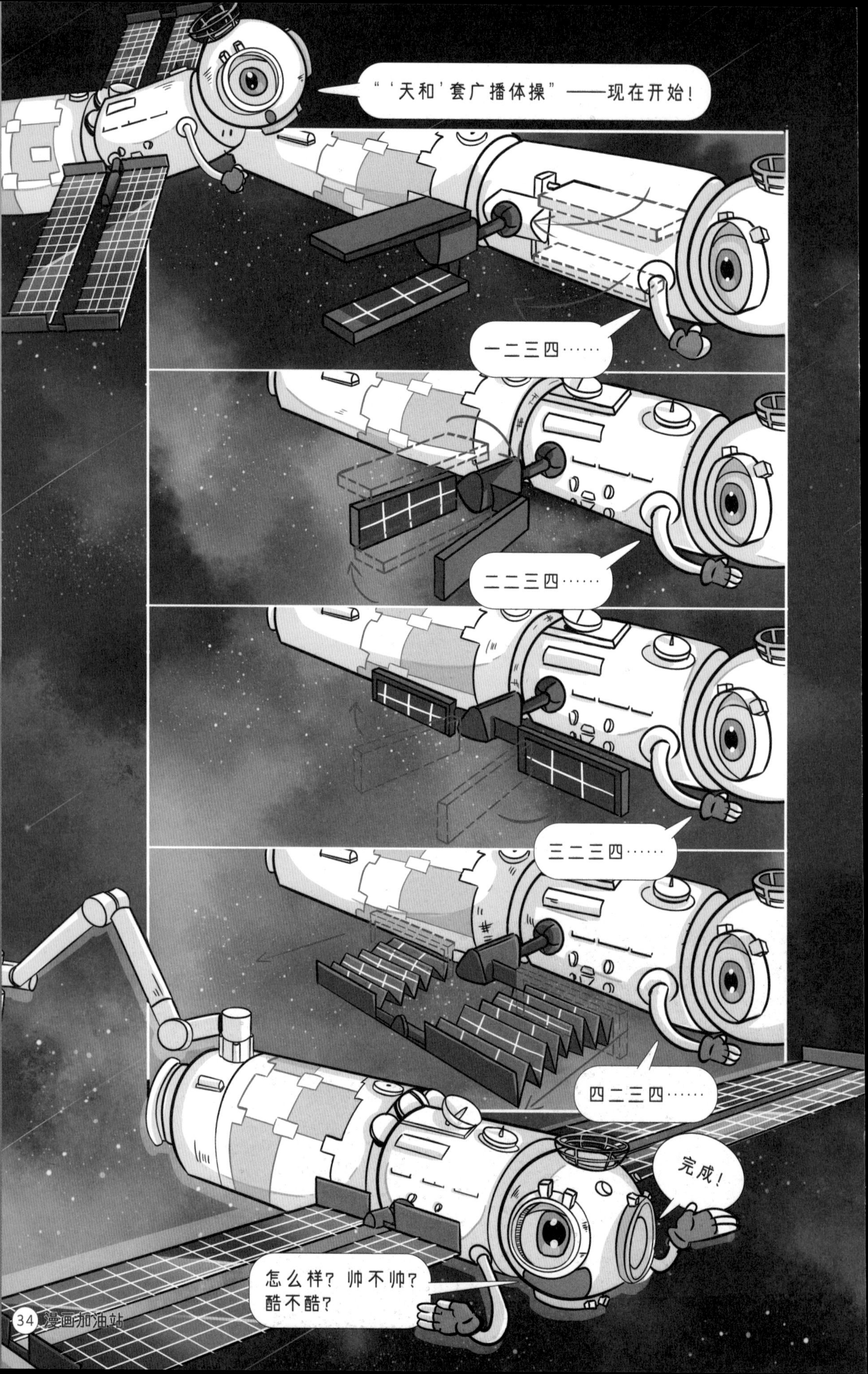
“‘天和’套广播体操”——现在开始！
一二三四……
二二三四……
三二三四……
四二三四……
完成！
怎么样？帅不帅？
酷不酷？

冲出地球

撰文：的的

你想过吗？地球上的你无论蹦得多高多远，最后还是会落在地面上，而不会跳进太空，但发射的火箭却能冲出地球，在太空里飞行，这是为什么呢？

敲黑板

你推我的同时会被我推，这就叫作用力和反作用力。这些力看不见摸不着，但它们真实存在于生活中，比如你用力拍桌子，给了桌子一个作用力，那么桌子会给你一个反作用力，所以你才会觉得手疼。

地球上的物体总是会落到地面，是因为受到地球引力的影响，而且质量越大，引力也越大。但地球引力并非无法摆脱，只要速度能像火箭发射一样，超过7900米/秒，就可以摆脱地球引力，冲进太空，这个速度被称为"第一宇宙速度"。不过，目前人类的极限速度大约为10米/秒，高铁大约为83米/秒，都还远远达不到冲出地球的速度。

而要达到7900米/秒的速度是很不容易的，所以需要"借力打力"。火箭里的燃料燃烧后会产生许多气体，这些气体以超快的速度从火箭"尾巴"里向下喷出，这就给了火箭一个巨大的向上推力，使火箭速度超过第一宇宙速度，便能带着"神舟"号载人飞船冲出地球了！

航天员的太空生活

撰文：张婉月

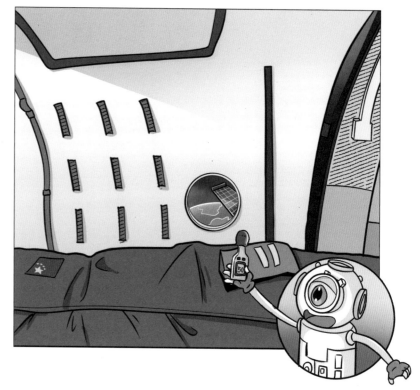

▶延伸知识

为了保障航天员在太空的生活所需，我们还会用货运飞船向太空运送航天食品、水、实验设备、补充燃料等物资。而且，货运飞船还会充当空间站的"垃圾桶"，储存航天员的生活垃圾。

当"神舟"号载人飞船与"天和"核心舱对接成功后，航天员就要开始在太空生活和工作了。空间站虽然比不上在家里舒服，也没有那么便利，但也算是"麻雀虽小，五脏俱全"。

航天员每人都有一个独立单间，上层睡觉，下层储物。由于太空的失重环境，以前的航天员都需要用带子把自己"捆起来"再睡，防止乱飘，现在有了固定的睡袋，就不用担心这个问题了。同时，空间站的设备很多，工作噪声很大，所以在睡觉的地方做了降噪处理，力求给航天员一个相对安静舒适的睡眠环境。每个单间还有圆形的舷窗，可以欣赏太空美景。

要在太空里生活，锻炼身体是少不了的，因为失重环境容易导致人的肌肉萎缩、骨质疏松，所以航天员需要每天锻炼2小时。而且，他们锻炼时还要时刻注意擦汗，不然这些汗珠会一滴一滴飘走，很可能进入精密的设备里，引起大问题。

青出于蓝

COLUMN

航天员的选拔标准
是怎样的呢？

航天员选拔标准·基础篇

- 身高 ▶ 1.6~1.72 米
- 体重 ▶ 55~70 千克
- 年龄 ▶ 25~35 岁
- 飞行时间 ▶ ≥ 600 小时

航天员选拔标准·健康篇

- 身体表面 ▶ 畸形、外伤、其他后遗症
- 常见疾病 ▶ 骨折、皮炎、色弱、眩晕、鼻炎、龋齿等
- 不良习惯 ▶ 抽烟、喝酒
- 其他疾病 ▶ 慢性病、精神病、家族遗传病史、近视

患有以上任意一条，均不合格。

贡献卓越的他们

中国能有现在这样强大的国家实力，离不开一代又一代人的坚持与创新。

1964 年，中国第一颗原子弹爆炸成功；1967 年，中国第一颗氢弹爆炸成功；1970 年，中国第一颗人造卫星发射成功。这是无数科学家不断努力的结果，其中邓稼先、钱学森等都作出了伟大贡献。

1972 年，中国科学家屠呦呦成功提取青蒿素——一种可以治疗疟疾的药品。屠呦呦也因此获得 2015 年诺贝尔生理学或医学奖，成为第一个获得诺贝尔奖的中国本土科学家。

除了他们，不得不提的还有著名的"杂交水稻之父"——袁隆平。袁隆平从 1964 年开始研究杂交水稻，1974 年育成了第一代杂交水稻——强优组合南优 2 号，后来又陆续研究出了第二代、第三代、第四代杂交水稻。袁隆平管理的水稻田非常高产，多次刷新世界纪录，解决了人们最重要的吃饭问题。

姓　　名　邓稼先 性　　别　男 生卒年　1924—1986 国　　籍　中国 主要成就　设计了中国原子弹和氢弹	姓　　名　钱学森 性　　别　男 生卒年　1911—2009 国　　籍　中国 主要成就　参与研制中国运载火箭、导弹等
姓　　名　屠呦呦 性　　别　女 生卒年　1930— 国　　籍　中国 主要成就　成功提取青蒿素，创制抗疟疾药	姓　　名　袁隆平 性　　别　男 生卒年　1930—2021 国　　籍　中国 主要成就　研制出杂交水稻

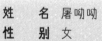

中国深潜发展史

从"蛟龙"号到"奋斗者"号，我国的深潜事业取得了举世瞩目的成就，但这并非是一蹴而就的。现在，我们一起来看看它的发展历史吧！

刘希林

中国船舶七二五所第八研究室研究员，焊接技术负责人，先后参与了"蛟龙"号、"深海勇士"号相关的研制任务。

7062.68 米

2011 年 7 月 21 日

中国载人深潜进行 5000 米海试，"蛟龙"号载人潜水器成功下潜。

2012 年 6 月 27 日

"蛟龙"号载人潜水器下潜深度达 7062.68 米。

2013 年 9 月 4 日

"蛟龙"号载人潜水器在西北太平洋采薇海山区成功完成第三航段的首次载人下潜任务，并在海底进行了底栖生物、海山岩石等的采集工作。

2014 年 12 月 26 日

"蛟龙"号载人潜水器在西南印度洋执行第 88 潜次科考任务，这是"蛟龙"号在印度洋首次执行科学应用下潜。

2017 年 2 月 28 日

"蛟龙"号载人潜水器在西北印度洋完成了中国大洋 38 航次的首次下潜。

2017 年 8 月 16 日

"深海勇士"号载人潜水器随"探索一号"作业母船从码头出发，完成了 50~4500 米不同深度的总计 28 次下潜。

2018 年 5 月 21 日

"深海勇士"号载人潜水器在水深 1368 米的海域获取了一只深海水虱样品，这是中国首次通过定向诱捕的方式捕获深海水虱。

2019 年 3 月 10 日

"深海勇士"号载人潜水器在西南印度洋进行热液科学考察，经过 121 天的艰苦奋斗，圆满完成了任务。

2020 年 11 月 10 日

"奋斗者"号载人潜水器在马里亚纳海沟成功坐底，深度达 10909 米，创造了中国载人深潜的新纪录。

2021 年 12 月 5 日

"探索一号"母船携"奋斗者"号载人潜水器完成了马里亚纳海沟常规科考任务，采集了一批珍贵的深渊水体、沉积物、岩石和生物样品。

THINKING
头脑风暴

撰文：的的

选一选

01 高铁的车头是哪一个呢？（　　）

A.

B.

02 下面哪个潜水器到达了马里亚纳海沟的最深处，坐底深度 10909 米呢？（　　）

A. "蛟龙"号

B. "深海勇士"号

C. "奋斗者"号

03 哪位科学家成功提取了青蒿素，获得了诺贝尔生理学或医学奖呢？（　　）

A. 屠呦呦

B. 邓稼先

C. 钱学森

04 按照数字的顺序，完成空间站的绘制吧！

连一连

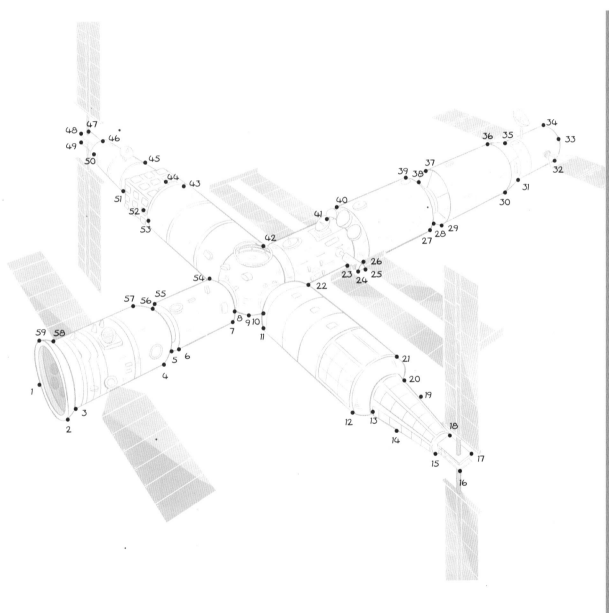

THINKING 41

名词索引

头脑风暴答案

1.B 2.C 3.A

致谢

《课后半小时 中国儿童核心素养培养计划》是一套由北京理工大学出版社童书中心课后半小时编辑组编著，全面对标中国学生发展核心素养要求的系列科普丛书，这套丛书的出版离不开内容创作者的支持，感谢米莱知识宇宙的授权。

本册《中国力量 揭秘超级工程》内容汇编自以下出版作品：

[1] 《超级工程驾到：空间站》，北京理工大学出版社，2023 年出版。

[2] 《超级工程驾到：中国高铁》，北京理工大学出版社，2023 年出版。

[3] 《超级工程驾到：中国载人潜水器》，北京理工大学出版社，2023 年出版。

[4] 《进阶的巨人》，电子工业出版社，2019 年出版。

图书在版编目（CIP）数据

课后半小时：中国儿童核心素养培养计划：共31册/
课后半小时编辑组编著. —— 北京：北京理工大学出版社，2023.5

ISBN 978-7-5763-1906-4

Ⅰ.①课… Ⅱ.①课… Ⅲ.①科学知识—儿童读物
Ⅳ.①Z228.1

中国版本图书馆CIP数据核字(2022)第233813号

出版发行 / 北京理工大学出版社有限责任公司

社　　　址 / 北京市海淀区中关村南大街5号

邮　　　编 / 100081

电　　　话 / （010）82563891（童书出版中心）

网　　　址 / http://www.bitpress.com.cn

经　　　销 / 全国各地新华书店

印　　　刷 / 雅迪云印（天津）科技有限公司

开　　　本 / 787毫米 × 1092毫米　1 / 16

印　　　张 / 83.5

字　　　数 / 2480千字

版　　　次 / 2023年5月第1版　2023年5月第1次印刷

审　图　号 / GS（2020）4919号

定　　　价 / 898.00元（全31册）

责任编辑 / 陈莉华

文案编辑 / 陈莉华

责任校对 / 刘亚男

责任印制 / 王美丽